|| श्रीः ||

my श्रीमद् भगवद् गीता

Volume 2

Chapters 6-11

This tracing book belongs to

____

____

Publisher:
Sandeep J. Agate
ShreeMeera Foundation (SMF)
2775 Orchard Run Road, Suite 136
Dayton, OH 45449, USA.
www.shreemeera.org

Edition and Publication Date:
1st Edition, February 08, 2026

Lunar Date:
ShreeĀie Mahārāj Puṇyatithi
Māgha, Kriṣhṇa Saptamī
ShreeShake 1947

ISBN 979-8-90392-028-0

Dedication and Offering

His Holiness ShreeMāmā Mahārāj
Her Holiness ShreeAie Mahārāj

Every moment deepens our understanding of who You are, what You have taught, and how You have lived. Our journey of reflection and practice has only begun, yet with every small act of service, Your grace continues to bless, guide, and protect us.

We humbly recognize the sacred privilege of being chosen to serve in this way. Through these tracing books, may our hands, hearts, and minds remain instruments of Your will, spreading love for the Shreemad Bhagawad Geetā and nurturing the spirit of daily sādhanā.

We pray for forgiveness for our shortcomings, for the strength to uphold the high ideals You have set before us, and for unwavering consistency in our service.

With deep gratitude, we place this offering at Your divine feet, seeking Your continued blessings and guidance on the path You have so graciously designed for us.

- Sandeep
On behalf of Team SMF

Prayer

✻

गुरुर्ब्रह्मा गुरुर्विष्णुः गुरुर्देवो महेश्वरः ।
गुरुः साक्षात् परब्रह्म तस्मै श्रीगुरवे नमः ॥
अवधूत चिंतन श्रीगुरुदेव दत्त ।
gururbraȟmā gururviṣhṇuḥ gururdevo maheshwaraḥ |
guruḥ sākṣhāt parabrahma tasmai shreegurave namaḥ ||
avadhūta chiṅtana shreegurudeva datta |

O Guru,
Thou art Brahmā, the Creator divine,
Thou art Viṣhṇu, the Protector of this soul of mine,
Thou art Maheshwara, the Dissolver of illusion,
Thou art Parabrahma, the All-pervading One,

To Thee, O Guru, I bow in reverence,
With faith, with love, in pure surrender and silence.

✻

वसुदेवसुतं देवं कंसचाणूरमर्दनम् ।
देवकीपरमानन्दं कृष्णं वन्दे जगद्गुरुम् ॥
vasudevsutaṁ devaṁ kaṁsachāṇūramardanam |
devakīparamānandaṁ kriṣhṇaṁ vande jagadgurum ||

✻

भगवान श्रीराधावर श्रीकृष्णचंद्र महाराज की जय ।
भक्तवत्सल भक्ताभिमानी सद्गुरु योगिराज श्रीमामा महाराज की जय ।
भक्तवत्सल भक्ताभिमानी सद्गुरु मातुःश्री आई महाराज की जय ॥
अवधूत चिंतन श्रीगुरुदेव दत्त ॥
bhagawāna shreerādhāvar shreekriṣhṇachaṅdra mahārāĵ kī jaya |
bhaktavatsala bhaktābhimānī sadguru yogirāj shreemāmā mahārāĵ kī jaya |
bhaktavatsala bhaktābhimānī sadguru mātuḥshree āie mahārāĵ kī jaya ||
avadhūta chiṅtana shreegurudeva datta ||

✻✻✻

Table of Contents

My Bhagawad Geetā

A Journey Through Writing, Reflection, and Devotion

अथ चित्तं समाधातुं न शक्नोषि मयि स्थिरम् ।
अभ्यासयोगेन ततो मामिच्छाप्तुं धनञ्जय ।। भ.गी.१२.९ ।।

atha chittaṁ samādhātuṁ na shaknoṣhi mayi sthiram |
abhyāsayogena tato māmichchhāptuṁ dhanañjaya || B.G.12.9 ||

"If you are unable to fix your mind steadily on Me, then seek to reach Me by constant practice of devotion, O Dhanañjay." || B.G.12.9 ||

Lord ShreeKriṣhṇa gently reminds us that perfection is not demanded—practice is. We have made a humble attempt to align this teaching with the purpose of this book: each day of writing and reflection is an act of devotion, a small but steady step toward divine connection.

The Shreemad Bhagawad Geetā is more than a scripture; it is a living dialog between the Divine and our soul. Spoken on the battlefield of Kurukṣhetra, its words illuminate the battlefield within each of us—the struggle between duty and doubt, action and inaction, clarity and confusion. For thousands of years, seekers have turned to the Geetā for guidance, strength, and peace.

The ShreeMeera Foundation (SMF) presents these Tracing Books as a gentle yet powerful way to bring this wisdom into daily life. Each page is designed to slow us down, to invite mindfulness, and to awaken the sacred rhythm of learning through writing. By tracing every verse—whether in Devanāgarī or English Roman script—we participate in a spiritual act that joins hand, mind, and heart.

Writing sacred words has always been regarded as a form of sādhanā—a disciplined spiritual practice. When the hand moves with intention, the mind grows still, and the heart absorbs the meaning beyond the letters. In this quiet merging of movement and awareness, knowledge becomes realization. What we write again and again is not just text—it becomes thought, habit, and ultimately, nature.

The Bridge Between Understanding and Realization

In today's hurried world, the greatest challenge for any seeker is not the lack of wisdom but the absence of consistency. We often wait for inspiration or motivation to begin, but the Geetā teaches a subtler truth: transformation unfolds through steady effort, not through fleeting enthusiasm.

ShreeKriṣhṇa's words to Arjun—*abhyāsena tu kaunteya vairāgyeṇa cha gruhyate (B.G.6.35)*—remind us that the restless mind can be trained only through practice and detachment. Abhyāsa—repeated, regular effort—is the bridge between understanding and realization.

This tracing book embodies that principle. It encourages us to dedicate a few minutes every day to the divine dialogue. As we trace, we read; as we read, we reflect; and as we reflect, we begin to live the message. These daily moments, though small, accumulate into profound inner change.

The Power of Small, Consistent Acts

In the spiritual path, grand gestures are less important than quiet perseverance. A lamp does not stay lit through one burst of oil but through a steady flame. Likewise, progress in spirituality comes not from rare intensity but from daily constancy.

Every traced verse is a step—a reminder that the journey to self-realization is not a sprint but a lifelong pilgrimage of awareness. Each day that we sit with this book, we affirm our commitment to growth, humility, and devotion.

Small, consistent acts performed every day are the most efficient way of making progress. Consistency beats motivation.

This simple truth lies at the heart of all sādhanā. When devotion becomes a habit, discipline transforms into joy. Even a single verse traced with sincerity becomes an offering of service (sevā), a quiet dialog between our soul and the Divine.

Service as a Way of Life

In the Bhagawad Geetā, ShreeKriṣhṇa reveals that all actions, when performed selflessly and offered to the Divine, become acts of worship. This book invites us to see the tracing of each verse not as mere study, but as sevā—a humble contribution to our own awakening and to the preservation of timeless wisdom. To serve is to align with the greater flow of life.

Through service, we move beyond the confines of ego and enter the spaciousness of the soul. As we write, we participate in the same lineage of devotion that has preserved the Geetā through countless generations. Our small effort continues that sacred chain.

Let every stroke of the pen remind us that service is not separate from spirituality—it is its living expression. Writing with attention, humility, and gratitude becomes a silent prayer, a surrender of self into meaning.

Integrating the Teaching

The goal of tracing the Geetā is not perfection of handwriting, but the refinement of inner awareness. Each line we trace mirrors the truth that mastery is built through repetition; clarity through reflection; peace through surrender.

The verses of the Geetā address every aspect of human life—duty, love, fear, knowledge, action, and renunciation. By engaging with them daily, we gradually harmonize these aspects within ourselves. Over time, the boundaries between study, prayer, and life begin to dissolve. The Geetā ceases to be a book—it becomes our inner voice.

Making it count

Many of us begin with enthusiasm and later lose rhythm. This tracing book is meant to be a steady companion through such fluctuations. Its pages ask only a few minutes each day—just enough to realign with purpose, to anchor the mind, and to rekindle devotion.

If we miss a day, let us begin again. If the mind wanders, let us realign. The value lies not in perfection but in persistence. In this way, the practice itself becomes a reflection of life's greater truth: that each moment is a chance to begin anew.

An Offering of Love and Humility

This work is offered with love and reverence to all who wish to walk the path of inner transformation. With the grace and power of Lord ShreeKrishṇa, may every reader, student, and sādhak who touches these pages rediscover the joy of slow learning, the power of consistency, and the peace that comes from selfless service.

Through His infinite spiritual empathy, may our tracing of these verses awaken clarity, devotion, and strength. May it bring light to our thoughts, purity to our actions, and serenity to our hearts.

And may the wisdom of the Shreemad Bhagawad Geetā guide us gently—one line, one verse, one page, one day at a time—toward the realization of our own divine nature.

**In the spirit of the Geetā, let every small act become sacred.
Write with love. Reflect with faith. Serve with constancy.
For it is not in greatness, but in consistency, that the soul finds liberation.**

The Consistency Tracker

The Consistency Tracker, included in this book, is designed to help us cultivate regularity in our spiritual practice. Each box in the grid represents a single day of the year—twelve columns for the months and thirty-one rows for the days.

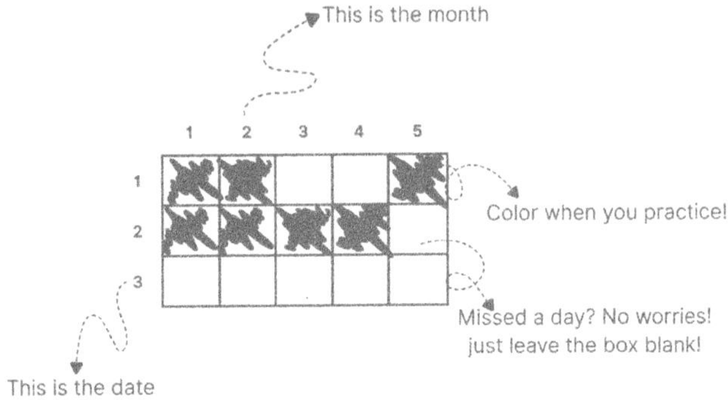

Every time we trace or write from this book, we mark or color one box for that day. Over time, we will begin to see our own pattern of discipline and devotion emerge—a visual reflection of your journey.

Missed days are not failures—they are reminders. The tracker helps us recognize where life interrupted our rhythm and gently encourages us to return to our practice. We can use these reflections to make up for lost time and strengthen our resolve.

Progress on the spiritual path is not measured by speed, but by consistency. Each mark on this grid is a small act of service, a step forward in awareness, and a symbol of our commitment to walk this path every day—with sincerity, patience, and love.

Tracker

	1	2	3	4	5	6	7	8	9	10	11	12
1												
2												
3												
4												
5												
6												
7												
8												
9												
10												
11												
12												
13												
14												
15												
16												
17												
18												
19												
20												
21												
22												
23												
24												
25												
26												
27												
28												
29												
30												
31												

Adhyāy 6

Abhyāsayogaḥ

Date: M T W T F S S

ॐ श्रीगणेशाय नमः ।

ॐ श्रीसरस्वत्यै नमः ।

ॐ श्रीगुरुभ्यो नमः । हरिः ॐ ।

वसुदेवसुतं देवं, कंसचाणूरमर्दनम् ।

देवकीपरमानन्दं, कृष्णं वन्दे जगद्गुरुम् ॥

ॐ भगवते

श्रीराधावरश्रीकृष्णचंद्रपरमात्मने नमः ।

ॐ श्रीमद्भगवद्गीता ।

अथ षष्ठोऽध्यायः ।

अभ्यासयोगः

श्रीभगवानुवाच –

अनाश्रितः कर्मफलं

कार्यं कर्म करोति यः ।

स संन्यासी च योगी च

न निरग्निर्न चाक्रियः ॥ १ ॥

यं संन्यासमिति प्राहुः

योगं तं विद्धि पाण्डव ।

न ह्यसंन्यस्तसङ्कल्पो

योगी भवति कश्चन ॥ २ ॥

आरुरुक्षोर्मुनेर्योगं

कर्म कारणमुच्यते ।

योगारूढस्य तस्यैव

शमः कारणमुच्यते ॥ ३ ॥

यदा हि नेन्द्रियार्थेषु

न कर्मस्वनुषज्जते ।

सर्वसङ्कल्पसंन्यासी

योगारूढस्तदोच्यते ॥ ४ ॥

उद्धरेदात्मनात्मानं

नात्मानमवसादयेत् ।

आत्मैव ह्यात्मनो बन्धुः

आत्मैव रिपुरात्मनः ॥ ५ ॥

बन्धुरात्मात्मनस्तस्य

येनात्मैवात्मना जितः ।

अनात्मनस्तु शत्रुत्वे

वर्तेतात्मैव शत्रुवत् ॥ ६ ॥

जितात्मनः प्रशान्तस्य

परमात्मा समाहितः।

शीतोष्णसुखदुःखेषु

तथा मानापमानयोः ॥ ७ ॥

ज्ञानविज्ञानतृप्तात्मा

कूटस्थो विजितेन्द्रियः।

युक्त इत्युच्यते योगी

समलोष्टाश्मकाञ्चनः ॥ ८ ॥

सुहृन्मित्रार्युदासीन

मध्यस्थद्वेष्यबन्धुषु ।

साधुष्वपि च पापेषु

समबुद्धिर्विशिष्यते ॥ ९ ॥

योगी युञ्जीत सततम्

आत्मानं रहसि स्थितः ।

एकाकी यतचित्तात्मा

निराशीरपरिग्रहः ॥ १० ॥

शुचौ देशे प्रतिष्ठाप्य

स्थिरमासनमात्मनः ।

नात्युच्छ्रितं नातिनीचं

चैलाजिनकुशोत्तरम् ॥ ११ ॥

तत्रैकाग्रं मनः कृत्वा

यतचित्तेन्द्रियक्रियः ।

उपविश्यासने युञ्ज्याद्

योगमात्मविशुद्धये ॥ १२ ॥

समं कायशिरोग्रीवं

धारयन्नचलं स्थिरः ।

सम्प्रेक्ष्य नासिकाग्रं स्वं

दिशश्चानवलोकयन् ॥ १३ ॥

प्रशान्तात्मा विगतभीः

ब्रह्मचारिव्रते स्थितः ।

मनः संयम्य मच्चित्तो

युक्त आसीत मत्परः ॥ १४ ॥

युञ्जन्नेवं सदात्मानं

योगी नियतमानसः ।

शान्तिं निर्वाणपरमां

मत्संस्थामधिगच्छति ॥ १५ ॥

नात्यश्नतस्तु योगोऽस्ति

न चैकान्तमनश्नतः ।

न चातिस्वप्नशीलस्य

जाग्रतो नैव चार्जुन ॥ १६ ॥

युक्ताहारविहारस्य

युक्तचेष्टस्य कर्मसु ।

युक्तस्वप्नावबोधस्य

योगो भवति दुःखहा ॥ १७ ॥

यदा विनियतं चित्तम्

आत्मन्येवावतिष्ठते ।

निःस्पृहः सर्वकामेभ्यो

युक्त इत्युच्यते तदा ॥ १८ ॥

यथा दीपो निवातस्थो

नेङ्गते सोपमा स्मृता ।

योगिनो यतचित्तस्य

युञ्जतो योगमात्मनः ॥ १९ ॥

यत्रोपरमते चित्तं

निरुद्धं योगसेवया ।

यत्र चैवात्मनात्मानं

पश्यन्नात्मनि तुष्यति ॥ २० ॥

सुखमात्यन्तिकं यत्तद्

बुद्धिग्राह्यमतीन्द्रियम् ।

वेत्ति यत्र न चैवायं

स्थितश्चलति तत्त्वतः ॥ २१ ॥

यं लब्ध्वा चापरं लाभं

मन्यते नाधिकं ततः ।

यस्मिन्स्थितो न दुःखेन

गुरुणापि विचाल्यते ॥ २२ ॥

तं विद्याद् दुःखसंयोग

वियोगं योगसञ्ज्ञितम्।

स निश्चयेन योक्तव्यो

योगोऽनिर्विण्णचेतसा ॥ २३ ॥

सङ्कल्पप्रभवान्कामांस्

त्यक्त्वा सर्वानशेषतः ।

मनसैवेन्द्रियग्रामं

विनियम्य समन्ततः ॥ २४ ॥

शनैः शनैरुपरमेद्

बुद्ध्या धृतिगृहीतया ।

आत्मसंस्थं मनः कृत्वा

न किञ्चिदपि चिन्तयेत् ॥ २५ ॥

यतो यतो निश्चरति

मनश्चञ्चलमस्थिरम् ।

ततस्ततो नियम्यैतद्

आत्मन्येव वशं नयेत् ॥ २६ ॥

प्रशान्तमनसं ह्येनं

योगिनं सुखमुत्तमम् ।

उपैति शान्तरजसं

ब्रह्मभूतमकल्मषम् ॥ २७ ॥

युञ्जन्नेवं सदात्मानं

योगी विगतकल्मषः ।

सुखेन ब्रह्मसंस्पर्शम्

अत्यन्तं सुखमश्नुते ॥ २८ ॥

सर्वभूतस्थमात्मानं

सर्वभूतानि चात्मनि ।

ईक्षते योगयुक्तात्मा

सर्वत्र समदर्शनः ॥ २९ ॥

यो मां पश्यति सर्वत्र

सर्वं च मयि पश्यति ।

तस्याहं न प्रणश्यामि

स च मे न प्रणश्यति ॥ ३० ॥

सर्वभूतस्थितं यो मां

भजत्येकत्वमास्थितः ।

सर्वथा वर्तमानोऽपि

स योगी मयि वर्तते ॥ ३१ ॥

आत्मौपम्येन सर्वत्र

समं पश्यति योऽर्जुन ।

सुखं वा यदि वा दुःखं

स योगी परमो मतः ॥ ३२ ॥

अर्जुन उवाच –

योऽयं योगस्त्वया प्रोक्तः

साम्येन मधुसूदन ।

एतस्याहं न पश्यामि

चञ्चलत्वात्स्थितिं स्थिराम् ॥ ३३ ॥

चञ्चलं हि मनः कृष्ण

प्रमाथि बलवद्दृढम् ।

तस्याहं निग्रहं मन्ये

वायोरिव सुदुष्करम् ॥ ३४ ॥

श्रीभगवानुवाच -

असंशयं महाबाहो

मनो दुर्निग्रहं चलम् ।

अभ्यासेन तु कौन्तेय

वैराग्येण च गृह्यते ॥ ३५ ॥

असंयतात्मना योगो

दुष्प्राप इति मे मतिः ।

वश्यात्मना तु यतता

शक्योऽवाप्तुमुपायतः ॥ ३६ ॥

अर्जुन उवाच –

अयतिः श्रद्धयोपेतो

योगाच्चलितमानसः ।

अप्राप्य योगसंसिद्धिं

कां गतिं कृष्ण गच्छति ॥ ३७ ॥

कच्चिन्नोभयविभ्रष्टः

छिन्नाभ्रमिव नश्यति ।

अप्रतिष्ठो महाबाहो

विमूढो ब्रह्मणः पथि ॥ ३८ ॥

एतन्मे संशयं कृष्ण

छेत्तुमर्हस्यशेषतः ।

त्वदन्यः संशयस्यास्य

छेत्ता न ह्युपपद्यते ॥ ३९ ॥

श्रीभगवानुवाच -

पार्थ नैवेह नामुत्र

विनाशस्तस्य विद्यते ।

न हि कल्याणकृत्कश्चिद्

दुर्गतिं तात गच्छति ॥ ४० ॥

प्राप्य पुण्यकृतां लोकान्

उषित्वा शाश्वतीः समाः ।

शुचीनां श्रीमतां गेहे

योगभ्रष्टोऽभिजायते ॥ ४१ ॥

अथवा योगिनामेव

कुले भवति धीमताम् ।

एतद्धि दुर्लभतरं

लोके जन्म यदीदृशम् ॥ ४२ ॥

तत्र तं बुद्धिसंयोगं

लभते पौर्वदेहिकम् ।

यतते च ततो भूयः

संसिद्धौ कुरुनन्दन ॥ ४३ ॥

पूर्वाभ्यासेन तेनैव

ह्रियते ह्यवशोऽपि सः ।

जिज्ञासुरपि योगस्य

शब्दब्रह्मातिवर्तते ॥ ४४ ॥

प्रयत्नाद्यतमानस्तु

योगी संशुद्धकिल्बिषः ।

अनेकजन्मसंसद्धः

ततो याति परां गतिम् ॥ ४५ ॥

तपस्विभ्योऽधिको योगी

ज्ञानिभ्योऽपि मतोऽधिकः ।

कर्मिभ्यश्चाधिको योगी

तस्माद्योगी भवार्जुन ॥ ४६ ॥

योगिनामपि सर्वेषां

मद्गतेनान्तरात्मना ।

श्रद्धावान्भजते यो मां

स मे युक्ततमो मतः ॥ ४७ ॥

ॐ तत्सदिति श्रीमद्भगवद्गीतासूपनिषत्सु

ब्रह्मविद्यायां योगशास्त्रे श्रीकृष्णार्जुनसंवादे

अभ्यासयोगो नाम षष्ठोऽध्यायः ॥

ॐ हरये नमः । ॐ हरये नमः ।

ॐ हरये नमः ।

ॐ शान्तिः । ॐ शान्तिः । ॐ शान्तिः ।

हरिः ॐ ॥ श्रीकृष्णार्पणमस्तु ॥

Adhyāy 7

Jñānavijñānayogaḥ

Date: M T W T F S S

Date: M T W T F S S

ॐ श्रीमद्भगवद्गीता ।

अथ सप्तमोऽध्यायः ।

ज्ञानविज्ञानयोगः

श्रीभगवानुवाच -

मय्यासक्तमनाः पार्थ

योगं युञ्जन्मदाश्रयः ।

असंशयं समग्रं मां

यथा ज्ञास्यसि तच्छृणु ॥ १ ॥

ज्ञानं तेऽहं सविज्ञानम्

इदं वक्ष्याम्यशेषतः ।

यज्ज्ञात्वा नेह भूयोऽन्यज्

ज्ञातव्यमवशिष्यते ॥ २ ॥

मनुष्याणां सहस्रेषु

कश्चिद्यतति सिद्धये ।

यततामपि सिद्धानां

कश्चिन्मां वेत्ति तत्त्वतः ॥ ३ ॥

भूमिरापोऽनलो वायुः

खं मनो बुद्धिरेव च ।

अहङ्कार इतीयं मे

भिन्ना प्रकृतिरष्टधा ॥ ४ ॥

अपरेयमितस्त्वन्यां

प्रकृतिं विद्धि मे पराम् ।

जीवभूतां महाबाहो

ययेदं धार्यते जगत् ॥ ५ ॥

एतद्योनीनि भूतानि

सर्वाणीत्युपधारय ।

अहं कृत्स्नस्य जगतः

प्रभवः प्रलयस्तथा ॥ ६ ॥

मत्तः परतरं नान्यत्

किञ्चिदस्ति धनञ्जय ।

मयि सर्वमिदं प्रोतं

सूत्रे मणिगणा इव ॥ ७ ॥

रसोऽहमप्सु कौन्तेय

Date: M T W T F S S

प्रभास्मि शशिसूर्ययोः ।

प्रणवः सर्ववेदेषु

शब्दः खे पौरुषं नृषु ॥ ८ ॥

पुण्यो गन्धः पृथिव्यां च

तेजश्चास्मि विभावसौ ।

जीवनं सर्वभूतेषु

तपश्चास्मि तपस्विषु ॥ ९ ॥

बीजं मां सर्वभूतानां

विद्धि पार्थ सनातनम् ।

बुद्धिर्बुद्धिमतामस्मि

तेजस्तेजस्विनामहम् ॥ १० ॥

बलं बलवतां चाहं

कामरागविवर्जितम् ।

धर्माविरुद्धो भूतेषु

कामोऽस्मि भरतर्षभ ॥ ११ ॥

ये चैव सात्त्विका भावा

राजसास्तामसाश्च ये ।

मत्त एवेति तान्विद्धि

न त्वहं तेषु ते मयि ॥ १२ ॥

त्रिभिर्गुणमयैर्भावैः

एभिः सर्वमिदं जगत् ।

मोहितं नाभिजानाति

मामेभ्यः परमव्ययम् ॥ १३ ॥

दैवी ह्येषा गुणमयी

मम माया दुरत्यया ।

मामेव ये प्रपद्यन्ते

मायामेतां तरन्ति ते ॥ १४ ॥

न मां दुष्कृतिनो मूढाः

प्रपद्यन्ते नराधमाः ।

माययापहृतज्ञाना

आसुरं भावमाश्रिताः ॥ १५ ॥

चतुर्विधा भजन्ते मां

जनाः सुकृतिनोऽर्जुन ।

आर्तो जिज्ञासुरर्थार्थी

ज्ञानी च भरतर्षभ ॥ १६ ॥

तेषां ज्ञानी नित्ययुक्त

एकभक्तिर्विशिष्यते ।

प्रियो हि ज्ञानिनोऽत्यर्थम्

अहं स च मम प्रियः ॥ १७ ॥

उदाराः सर्व एवैते

ज्ञानी त्वात्मैव मे मतम् ।

आस्थितः स हि युक्तात्मा

मामेवानुत्तमां गतिम् ॥ १८ ॥

बहूनां जन्मनामन्ते

ज्ञानवान्मां प्रपद्यते ।

वासुदेवः सर्वमिति

स महात्मा सुदुर्लभः ॥ १९ ॥

कामैस्तैस्तैर्हृतज्ञानाः

प्रपद्यन्तेऽन्यदेवताः ।

तं तं नियममास्थाय

प्रकृत्या नियताः स्वया ॥ २० ॥

यो यो यां यां तनुं भक्तः

श्रद्धयार्चितुमिच्छति ।

तस्य तस्याचलां श्रद्धां

तामेव विदधाम्यहम् ॥ २१ ॥

स तया श्रद्धया युक्तः

तस्याराधनमीहते ।

लभते च ततः कामान्

मयैव विहितान्हि तान् ॥ २२ ॥

अन्तवत्तु फलं तेषां

तद्भवत्यल्पमेधसाम् ।

देवान्देवयजो यान्ति

मद्भक्ता यान्ति मामपि ॥ २३ ॥

अव्यक्तं व्यक्तिमापन्नं

मन्यन्ते मामबुद्धयः ।

परं भावमजानन्तो

ममाव्ययमनुत्तमम् ॥ २४ ॥

नाहं प्रकाशः सर्वस्य

योगमायासमावृतः ।

मूढोऽयं नाभिजानाति

लोको मामजमव्ययम् ॥ २५ ॥

वेदाहं समतीतानि

वर्तमानानि चार्जुन ।

भविष्याणि च भूतानि

मां तु वेद न कश्चन ॥ २६ ॥

इच्छाद्वेषसमुत्थेन

द्वन्द्वमोहेन भारत ।

सर्वभूतानि सम्मोहं

सर्गे यान्ति परन्तप ॥ २७ ॥

येषां त्वन्तगतं पापं

जनानां पुण्यकर्मणाम् ।

ते द्वन्द्वमोहनिर्मुक्ता

भजन्ते मां दृढव्रताः ॥ २८ ॥

जरामरणमोक्षाय

मामाश्रित्य यतन्ति ये ।

ते ब्रह्म तद्विदुः कृत्स्नम्

अध्यात्मं कर्म चाखिलम् ॥ २९ ॥

साधिभूताधिदैवं मां

साधियज्ञं च ये विदुः ।

प्रयाणकालेऽपि च मां

ते विदुर्युक्तचेतसः ॥ ३० ॥

ॐ तत्सदिति श्रीमद्भगवद्गीतासूपनिषत्सु

ब्रह्मविद्यायां योगशास्त्रे श्रीकृष्णार्जुनसंवादे

ज्ञानविज्ञानयोगो नाम सप्तमोऽध्यायः ॥

ॐ हरये नमः । ॐ हरये नमः ।

ॐ हरये नमः ।

ॐ शान्तिः । ॐ शान्तिः । ॐ शान्तिः ।

हरिः ॐ ॥ श्रीकृष्णार्पणमस्तु ॥

Adhyāy 8

Akṣharabrahmayogaḥ

Date: M T W T F S S

ॐ श्रीमद्भगवद्गीता ।

अथाष्टमोऽध्यायः ।

अक्षरब्रह्मयोगः

अर्जुन उवाच -

किं तद्ब्रह्म किमध्यात्मं

किं कर्म पुरुषोत्तम ।

अधिभूतं च किं प्रोक्तम्

अधिदैवं किमुच्यते ॥ १ ॥

अधियज्ञः कथं कोऽत्र

देहेऽस्मिन्मधुसूदन ।

प्रयाणकाले च कथं

ज्ञेयोऽसि नियतात्मभिः ॥ २ ॥

श्रीभगवानुवाच -

अक्षरं ब्रह्म परमं

स्वभावोऽध्यात्ममुच्यते ।

भूतभावोद्भवकरो

विसर्गः कर्मसञ्ज्ञितः ॥ ३ ॥

अधिभूतं क्षरो भावः

पुरुषश्चाधिदैवतम् ।

अधियज्ञोऽहमेवात्र

देहे देहभृतांवर ॥ ४ ॥

अन्तकाले च मामेव

स्मरन्मुक्त्वा कलेवरम् ।

यः प्रयाति स मद्भावं

याति नास्त्यत्र संशयः ॥ ५ ॥

यं यं वापि स्मरन्भावं

त्यजत्यन्ते कलेवरम् ।

तं तमेवैति कौन्तेय

सदा तद्भावभावितः ॥ ६ ॥

तस्मात्सर्वेषु कालेषु

मामनुस्मर युध्य च ।

मय्यर्पितमनोबुद्धिः

मामेवैष्यस्यसंशयम् ॥ ७ ॥

Date: M T W T F S S

अभ्यासयोगयुक्तेन

चेतसा नान्यगामिना ।

परमं पुरुषं दिव्यं

याति पार्थानुचिन्तयन् ॥ ८ ॥

कविं पुराणमनुशासितारम्

अणोरणीयांसमनुस्मरेद्यः ।

सर्वस्य धातारमचिन्त्यरूपम्

आदित्यवर्णं तमसः परस्तात् ॥ ९ ॥

प्रयाणकाले मनसाचलेन

भक्त्या युक्तो योगबलेन चैव ।

भ्रुवोर्मध्ये प्राणमावेश्य सम्यक्

स तं परं पुरुषमुपैतिदिव्यम् ॥ १० ॥

यदक्षरं वेदविदो वदन्ति

विशन्ति यद्यतयो वीतरागाः ।

यदिच्छन्तो ब्रह्मचर्यं चरन्ति

तत्ते पदं सङ्ग्रहेण प्रवक्ष्ये ॥ ११ ॥

सर्वद्वाराणि संयम्य

मनो हृदि निरुध्य च ।

मूर्ध्न्याधायात्मनः प्राणम्

आस्थितो योगधारणाम् ॥ १२ ॥

ॐ इत्येकाक्षरं ब्रह्म

व्याहरन्मामनुस्मरन् ।

यः प्रयाति त्यजन्देहं

स याति परमां गतिम् ॥ १३ ॥

अनन्यचेताः सततं

यो मां स्मरति नित्यशः ।

तस्याहं सुलभः पार्थ

नित्ययुक्तस्ययोगिनः ॥ १४ ॥

मामुपेत्य पुनर्जन्म

दुःखालयमशाश्वतम् ।

नाप्नुवन्ति महात्मानः

संसिद्धिं परमां गताः ॥ १५ ॥

आब्रह्मभुवनाल्लोकाः

पुनरावर्तिनोऽर्जुन ।

मामुपेत्य तु कौन्तेय

पुनर्जन्म न विद्यते ॥ १६ ॥

सहस्रयुगपर्यन्तम्

अहर्यद्ब्रह्मणो विदुः ।

रात्रिं युगसहस्रान्तां

तेऽहोरात्रविदोजनाः ॥ १७ ॥

अव्यक्ताद्व्यक्तयः सर्वाः

प्रभवन्त्यहरागमे ।

रात्र्यागमे प्रलीयन्ते

तत्रैवाव्यक्तसञ्ज्ञके ॥ १८ ॥

भूतग्रामः स एवायं

भूत्वा भूत्वा प्रलीयते ।

रात्र्यागमेऽवशः पार्थ

प्रभवत्यहरागमे ॥ १९ ॥

परस्तस्मात्तु भावोऽन्योऽ

व्यक्तोऽव्यक्तात्सनातनः ।

यः स सर्वेषु भूतेषु

नश्यत्सु न विनश्यति ॥ २० ॥

अव्यक्तोऽक्षर इत्युक्तः

तमाहुः परमां गतिम् ।

यं प्राप्य न निवर्तन्ते

तद्धाम परमं मम ॥ २१ ॥

पुरुषः स परः पार्थ

भक्त्या लभ्यस्त्वनन्यया ।

यस्यान्तःस्थानि भूतानि

येन सर्वमिदं ततम् ॥ २२ ॥

यत्र काले त्वनावृत्तिम्

आवृत्तिं चैव योगिनः ।

प्रयाता यान्ति तं कालं

वक्ष्यामि भरतर्षभ ॥ २३ ॥

अग्निर्ज्योतिरहः शुक्लः

षण्मासा उत्तरायणम् ।

तत्र प्रयाता गच्छन्ति

ब्रह्म ब्रह्मविदो जनाः ॥ २४ ॥

धूमो रात्रिस्तथा कृष्णः

षण्मासा दक्षिणायनम् ।

तत्र चान्द्रमसं ज्योतिः

योगी प्राप्य निवर्तते ॥ २५ ॥

शुक्लकृष्णे गती ह्येते

जगतः शाश्वते मते ।

एकया यात्यनावृत्तिम्

अन्ययावर्तते पुनः ॥ २६ ॥

नैते सृती पार्थ जानन्

योगी मुह्यति कश्चन ।

तस्मात्सर्वेषु कालेषु

योगयुक्तो भवार्जुन ॥ २७ ॥

वेदेषु यज्ञेषु तपःसु चैव

दानेषु यत्पुण्यफलं प्रदिष्टम् ।

अत्येति तत्सर्वमिदं विदित्वा

योगी परं स्थानमुपैति चाद्यम् ॥ २८ ॥

ॐ तत्सदिति श्रीमद्भगवद्गीतासूपनिषत्सु

ब्रह्मविद्यायां योगशास्त्रे श्रीकृष्णार्जुनसंवादे

अक्षरब्रह्मयोगो नाम अष्टमोऽध्यायः ॥

ॐ हरये नमः । ॐ हरये नमः ।

Date: M T W T F S S

ॐ हरये नमः ।

ॐ शान्तिः । ॐ शान्तिः । ॐ शान्तिः ।

हरिः ॐ ॥ श्रीकृष्णार्पणमस्तु ॥

Adhyāy 9

Rājavidyārājaguhyayogaḥ

Date: M T W T F S S

Date: M T W T F S S

ॐ श्रीमद्भगवद्गीता ।

अथ नवमोऽध्यायः ।

राजविद्याराजगुह्ययोगः

श्रीभगवानुवाच -

इदं तु ते गुह्यतमं

प्रवक्ष्याम्यनसूयवे ।

ज्ञानं विज्ञानसहितं

यज्ज्ञात्वा मोक्ष्यसेऽशुभात् ॥ १ ॥

राजविद्या राजगुह्यं

पवित्रमिदमुत्तमम् ।

प्रत्यक्षावगमं धर्म्यं

सुसुखं कर्तुमव्ययम् ॥ २ ॥

अश्रद्दधानाः पुरुषा

धर्मस्यास्य परन्तप ।

अप्राप्य मां निवर्तन्ते

मृत्युसंसारवर्त्मनि ॥ ३ ॥

मया ततमिदं सर्वं

जगदव्यक्तमूर्तिना ।

मत्स्थानि सर्वभूतानि

न चाहं तेष्ववस्थितः ॥ ४ ॥

न च मत्स्थानि भूतानि

पश्य मे योगमैश्वरम् ।

भूतभृन्न च भूतस्थो

ममात्मा भूतभावनः ॥ ५ ॥

यथाकाशस्थितो नित्यं

वायुः सर्वत्रगो महान् ।

तथा सर्वाणि भूतानि

मत्स्थानीत्युपधारय ॥ ६ ॥

सर्वभूतानि कौन्तेय

प्रकृतिं यान्ति मामिकाम् ।

कल्पक्षये पुनस्तानि

कल्पादौ विसृजाम्यहम् ॥ ७ ॥

प्रकृतिं स्वामवष्टभ्य

विसृजामि पुनः पुनः ।

भूतग्राममिमं कृत्स्नम्

अवशं प्रकृतेर्वशात् ॥ ८ ॥

न च मां तानि कर्माणि

निबध्नन्ति धनञ्जय ।

उदासीनवदासीनम्

असक्तं तेषु कर्मसु ॥ ९ ॥

मयाध्यक्षेण प्रकृतिः

सूयते सचराचरम् ।

हेतुनानेन कौन्तेय

जगद्विपरिवर्तते ॥ १० ॥

अवजानन्ति मां मूढा

मानुषीं तनुमाश्रितम् ।

परं भावमजानन्तो

मम भूतमहेश्वरम् ॥ ११ ॥

मोघाशा मोघकर्माणो

मोघज्ञाना विचेतसः ।

राक्षसीमासुरीं चैव

प्रकृतिं मोहिनीं श्रिताः ॥ १२ ॥

महात्मानस्तु मां पार्थ

दैवीं प्रकृतिमाश्रिताः ।

भजन्त्यनन्यमनसो

ज्ञात्वा भूतादिमव्ययम् ॥ १३ ॥

सततं कीर्तयन्तो मां

यतन्तश्च दृढव्रताः ।

नमस्यन्तश्च मां भक्त्या

नित्ययुक्ता उपासते ॥ १४ ॥

ज्ञानयज्ञेन चाप्यन्ये

यजन्तो मामुपासते ।

एकत्वेन पृथक्त्वेन

बहुधा विश्वतोमुखम् ॥ १५ ॥

अहं क्रतुरहं यज्ञः

स्वधाहमहमौषधम् ।

मन्त्रोऽहमहमेवाज्यम्

अहमग्निरहं हुतम् ॥ १६ ॥

पिताहमस्य जगतो

माता धाता पितामहः ।

वेद्यं पवित्रमोङ्कार

ऋक्साम यजुरेव च ॥ १७ ॥

गतिर्भर्ता प्रभुः साक्षी

निवासः शरणं सुहृत् ।

प्रभवः प्रलयः स्थानं

निधानं बीजमव्ययम् ॥ १८ ॥

तपाम्यहमहं वर्षं

निगृह्णाम्युत्सृजामि च ।

अमृतं चैव मृत्युश्च

सदसच्चाहमर्जुन ॥ १९ ॥

त्रैविद्या मां सोमपाः पूतपापा

यज्ञैरिष्ट्वा स्वर्गतिं प्रार्थयन्ते ।

ते पुण्यमासाद्य सुरेन्द्रलोकम्

अश्नन्ति दिव्यान्दिवि देवभोगान् ॥ २० ॥

ते तं भुक्त्वा स्वर्गलोकं विशालं

क्षीणे पुण्ये मर्त्यलोकं विशन्ति ।

एवं त्रयीधर्ममनुप्रपन्ना

गतागतं कामकामा लभन्ते ॥ २१ ॥

अनन्याश्चिन्तयन्तो मां

ये जनाः पर्युपासते ।

तेषां नित्याभियुक्तानां

योगक्षेमं वहाम्यहम् ॥ २२ ॥

येऽप्यन्यदेवता भक्ता

यजन्ते श्रद्धयान्विताः ।

तेऽपि मामेव कौन्तेय

यजन्त्यविधिपूर्वकम् ॥ २३ ॥

अहं हि सर्वयज्ञानां

भोक्ता च प्रभुरेव च ।

न तु मामभिजानन्ति

तत्त्वेनातश्च्यवन्ति ते ॥ २४ ॥

यान्ति देवव्रता देवान्

पितॄन्यान्ति पितृव्रताः ।

भूतानि यान्ति भूतेज्या

यान्ति मद्याजिनोऽपि माम् ॥ २५ ॥

पत्रं पुष्पं फलं तोयं

यो मे भक्त्या प्रयच्छति ।

तदहं भक्त्युपहृतम्

अश्नामि प्रयतात्मनः ॥ २६ ॥

यत्करोषि यदश्नासि

यज्जुहोषि ददासि यत् ।

यत्तपस्यसि कौन्तेय

तत्कुरुष्व मदर्पणम् ॥ २७ ॥

शुभाशुभफलैरेवं

मोक्ष्यसे कर्मबन्धनैः ।

संन्यासयोगयुक्तात्मा

विमुक्तो मामुपैष्यसि ॥ २८ ॥

समोऽहं सर्वभूतेषु

न मे द्वेष्योऽस्ति न प्रियः ।

ये भजन्ति तु मां भक्त्या

मयि ते तेषु चाप्यहम् ॥ २९ ॥

अपि चेत्सुदुराचारो

भजते मामनन्यभाक् ।

साधुरेव स मन्तव्यः

सम्यग्व्यवसितो हि सः ॥ ३० ॥

क्षिप्रं भवति धर्मात्मा

शश्वच्छान्तिं निगच्छति ।

कौन्तेय प्रतिजानीहि

न मे भक्तः प्रणश्यति ॥ ३१ ॥

मां हि पार्थ व्यपाश्रित्य

येऽपि स्युः पापयोनयः ।

स्त्रियो वैश्यास्तथा शूद्राः

तेऽपि यान्ति परां गतिम् ॥ ३२ ॥

किं पुनर्ब्राह्मणाः पुण्या

भक्ता राजर्षयस्तथा ।

अनित्यमसुखं लोकम्

इमं प्राप्य भजस्व माम् ॥ ३३ ॥

मन्मना भव मद्भक्तो

मद्याजी मां नमस्कुरु ।

मामेवैष्यसि युक्त्वैवम्

आत्मानं मत्परायणः ॥ ३४ ॥

ॐ तत्सदिति श्रीमद्भगवद्गीतासूपनिषत्सु

ब्रह्मविद्यायां योगशास्त्रे श्रीकृष्णार्जुनसंवादे

राजविद्याराजगुह्ययोगो नाम नवमोऽध्यायः ॥

ॐ हरये नमः । ॐ हरये नमः ।

ॐ हरये नमः ।

ॐ शान्तिः । ॐ शान्तिः । ॐ शान्तिः ।

हरिः ॐ ॥ श्रीकृष्णार्पणमस्तु ॥

Adhyāy 10

Vibhūtivistārayogaḥ

Date: M T W T F S S

ॐ श्रीमद्भगवद्गीता ।

अथ दशमोऽध्यायः ।

विभूतिविस्तारयोगः

श्रीभगवानुवाच –

भूय एव महाबाहो

शृणु मे परमं वचः ।

यत्तेऽहं प्रीयमाणाय

वक्ष्यामि हितकाम्यया ॥ १ ॥

न मे विदुः सुरगणाः

प्रभवं न महर्षयः ।

अहमादिर्हि देवानां

महर्षीणां च सर्वशः ॥ २ ॥

यो मामजमनादिं च

वेत्ति लोकमहेश्वरम् ।

असम्मूढः स मर्त्येषु

सर्वपापैः प्रमुच्यते ॥ ३ ॥

बुद्धिर्ज्ञानमसम्मोहः

क्षमा सत्यं दमः शमः ।

सुखं दुःखं भवोऽभावो

भयं चाभयमेव च ॥ ४ ॥

अहिंसा समता तुष्टिः

तपो दानं यशोऽयशः ।

भवन्ति भावा भूतानां

मत्त एव पृथग्विधाः ॥ ५ ॥

महर्षयः सप्त पूर्वे

चत्वारो मनवस्तथा ।

मद्भावा मानसा जाता

येषां लोक इमाः प्रजाः ॥ ६ ॥

एतां विभूतिं योगं च

मम यो वेत्ति तत्त्वतः ।

सोऽविकम्पेन योगेन

युज्यते नात्र संशयः ॥ ७ ॥

अहं सर्वस्य प्रभवो

मत्तः सर्वं प्रवर्तते ।

इति मत्वा भजन्ते मां

बुधा भावसमन्विताः ॥ ८ ॥

मच्चित्ता मद्गतप्राणा

बोधयन्तः परस्परम् ।

कथयन्तश्च मां नित्यं

तुष्यन्ति च रमन्ति च ॥ ९ ॥

तेषां सततयुक्तानां

भजतां प्रीतिपूर्वकम् ।

ददामि बुद्धियोगं तं

येन मामुपयान्ति ते ॥ १० ॥

तेषामेवानुकम्पार्थम्

अहमज्ञानजं तमः ।

नाशयाम्यात्मभावस्थो

ज्ञानदीपेन भास्वता ॥ ११ ॥

अर्जुन उवाच -

परं ब्रह्म परं धाम

पवित्रं परमं भवान् ।

पुरुषं शाश्वतं दिव्यम्

आदिदेवमजं विभुम् ॥ १२ ॥

आहुस्त्वामृषयः सर्वे

देवर्षिर्नारदस्तथा ।

असितो देवलो व्यासः

स्वयं चैव ब्रवीषि मे ॥ १३ ॥

सर्वमेतदृतं मन्ये

यन्मां वदसि केशव ।

न हि ते भगवन्व्यक्तिं

विदुर्देवा न दानवाः ॥ १४ ॥

स्वयमेवात्मनात्मानं

वेत्थ त्वं पुरुषोत्तम ।

भूतभावन भूतेश

देवदेव जगत्पते ॥ १५ ॥

वक्तुमर्हस्यशेषेण

दिव्या ह्यात्मविभूतयः ।

याभिर्विभूतिभिर्लोकान्

इमांस्त्वं व्याप्य तिष्ठसि ॥ १६ ॥

कथं विद्यामहं योगिंस्

त्वां सदा परिचिन्तयन् ।

केषु केषु च भावेषु

चिन्त्योऽसि भगवन्मया ॥ १७ ॥

विस्तरेणात्मनो योगं

विभूतिं च जनार्दन ।

भूयः कथय तृप्तिर्हि

शृण्वतो नास्ति मेऽमृतम् ॥ १८ ॥

श्रीभगवानुवाच -

हन्त ते कथयिष्यामि

दिव्या ह्यात्मविभूतयः ।

प्राधान्यतः कुरुश्रेष्ठ

नास्त्यन्तो विस्तरस्य मे ॥ १९ ॥

अहमात्मा गुडाकेश

सर्वभूताशयस्थितः ।

अहमादिश्च मध्यं च

भूतानामन्त एव च ॥ २० ॥

आदित्यानामहं विष्णुः

ज्योतिषां रविरंशुमान् ।

मरीचिर्मरुतामस्मि

नक्षत्राणामहं शशी ॥ २१ ॥

वेदानां सामवेदोऽस्मि

देवानामस्मि वासवः ।

इन्द्रियाणां मनश्चास्मि

भूतानामस्मि चेतना ॥ २२ ॥

रुद्राणां शङ्करश्चास्मि

वित्तेशो यक्षरक्षसाम् ।

वसूनां पावकश्चास्मि

मेरुः शिखरिणामहम् ॥ २३ ॥

पुरोधसां च मुख्यं मां

विद्धि पार्थ बृहस्पतिम् ।

सेनानीनामहं स्कन्दः

सरसामस्मि सागरः ॥ २४ ॥

महर्षीणां भृगुरहं

गिरामस्म्येकमक्षरम् ।

यज्ञानां जपयज्ञोऽस्मि

स्थावराणां हिमालयः ॥ २५ ॥

अश्वत्थः सर्ववृक्षाणां

देवर्षीणां च नारदः ।

गन्धर्वाणां चित्ररथः

सिद्धानां कपिलो मुनिः ॥ २६ ॥

उच्चैःश्रवसमश्वानां

विद्धि माममृतोद्भवम् ।

ऐरावतं गजेन्द्राणां

नराणां च नराधिपम् ॥ २७ ॥

आयुधानामहं वज्रं

धेनूनामस्मि कामधुक् ।

प्रजनश्चास्मि कन्दर्पः

सर्पाणामस्मि वासुकिः ॥ २८ ॥

अनन्तश्चास्मि नागानां

वरुणो यादसामहम् ।

पितॄणामर्यमा चास्मि

यमः संयमतामहम् ॥ २९ ॥

प्रह्लादश्चास्मि दैत्यानां

कालः कलयतामहम् ।

मृगाणां च मृगेन्द्रोऽहं

वैनतेयश्च पक्षिणाम् ॥ ३० ॥

पवनः पवतामस्मि

रामः शस्त्रभृतामहम् ।

झषाणां मकरश्चास्मि

स्रोतसामस्मि जाह्नवी ॥ ३१ ॥

सर्गाणामादिरन्तश्च

मध्यं चैवाहमर्जुन ।

अध्यात्मविद्या विद्यानां

वादः प्रवदतामहम् ॥ ३२ ॥

अक्षराणामकारोऽस्मि

द्वन्द्वः सामासिकस्य च ।

अहमेवाक्षयः कालो

धाताहं विश्वतोमुखः ॥ ३३ ॥

मृत्युः सर्वहरश्चाहम्

उद्भवश्च भविष्यताम् ।

कीर्तिः श्रीर्वाक्च नारीणां

स्मृतिर्मेधा धृतिः क्षमा ॥ ३४ ॥

बृहत्साम तथा साम्नां

गायत्री छन्दसामहम् ।

मासानां मार्गशीर्षोऽहम्

ऋतूनां कुसुमाकरः ॥ ३५ ॥

द्यूतं छलयतामस्मि

तेजस्तेजस्विनामहम् ।

जयोऽस्मि व्यवसायोऽस्मि

सत्त्वं सत्त्ववतामहम् ॥ ३६ ॥

वृष्णीनां वासुदेवोऽस्मि

पाण्डवानां धनञ्जयः ।

मुनीनामप्यहं व्यासः

कवीनामुशना कविः ॥ ३७ ॥

Date: M T W T F S S

दण्डो दमयतामस्मि

नीतिरस्मि जिगीषताम् ।

मौनं चैवास्मि गुह्यानां

ज्ञानं ज्ञानवतामहम् ॥ ३८ ॥

यच्चापि सर्वभूतानां

बीजं तदहमर्जुन ।

न तदस्ति विना यत्स्यान्

मया भूतं चराचरम् ॥ ३९ ॥

नान्तोऽस्ति मम दिव्यानां

विभूतीनां परन्तप ।

एष तूद्देशतः प्रोक्तो

विभूतेर्विस्तरो मया ॥ ४० ॥

यद्यद्विभूतिमत्सत्त्वं

श्रीमदूर्जितमेव वा ।

तत्तदेवावगच्छ त्वं

मम तेजोंऽशसम्भवम् ॥ ४१ ॥

अथवा बहुनैतेन

किं ज्ञातेन तवार्जुन ।

विष्टभ्याहमिदं कृत्स्नम्

एकांशेन स्थितो जगत् ॥ ४२ ॥

ॐ तत्सदिति श्रीमद्भगवद्गीतासूपनिषत्सु

ब्रह्मविद्यायां योगशास्त्रे श्रीकृष्णार्जुनसंवादे

विभूतिविस्तारयोगो नाम दशमोऽध्यायः ॥

ॐ हरये नमः । ॐ हरये नमः ।

ॐ हरये नमः ।

ॐ शान्तिः । ॐ शान्तिः । ॐ शान्तिः ।

हरिः ॐ ॥ श्रीकृष्णार्पणमस्तु ॥

Adhyāy 11

Vishwarūpadarshanayogaḥ

Date:

M T W T F S S

ॐ श्रीमद्भगवद्गीता ।

अथैकादशोऽध्यायः ।

विश्वरूपदर्शनयोगः

अर्जुन उवाच -

मदनुग्रहाय परमं

गुह्यमध्यात्मसञ्ज्ञितम् ।

यत्त्वयोक्तं वचस्तेन

मोहोऽयं विगतो मम ॥ १ ॥

भवाप्ययौ हि भूतानां

श्रुतौ विस्तरशो मया ।

त्वत्तः कमलपत्राक्ष

माहात्म्यमपि चाव्ययम् ॥ २ ॥

एवमेतद्यथात्थ त्वम्

आत्मानं परमेश्वर ।

द्रष्टुमिच्छामि ते रूपम्

ऐश्वरं पुरुषोत्तम ॥ ३ ॥

मन्यसे यदि तच्छक्यं

मया द्रष्टुमिति प्रभो ।

योगेश्वर ततो मे त्वं

दर्शयात्मानमव्ययम् ॥ ४ ॥

श्रीभगवानुवाच -

पश्य मे पार्थ रूपाणि

शतशोऽथ सहस्रशः ।

नानाविधानि दिव्यानि

नानावर्णाकृतीनि च ॥ ५ ॥

पश्यादित्यान्वसून्रुद्रान्

अश्विनौ मरुतस्तथा ।

बहून्यदृष्टपूर्वाणि

पश्याश्चर्याणि भारत ॥ ६ ॥

इहैकस्थं जगत्कृत्स्नं

पश्याद्य सचराचरम् ।

मम देहे गुडाकेश

यच्चान्यद्द्रष्टुमिच्छसि ॥ ७ ॥

न तु मां शक्यसे द्रष्टुम्

अनेनैव स्वचक्षुषा ।

दिव्यं ददामि ते चक्षुः

पश्य मे योगमैश्वरम् ॥ ८ ॥

सञ्जय उवाच -

एवमुक्त्वा ततो राजन्

महायोगेश्वरो हरिः ।

दर्शयामास पार्थाय

परमं रूपमैश्वरम् ॥ ९ ॥

अनेकवक्त्रनयनम्

अनेकाद्भुतदर्शनम् ।

अनेकदिव्याभरणं

दिव्यानेकोद्यतायुधम् ॥ १० ॥

दिव्यमाल्याम्बरधरं

दिव्यगन्धानुलेपनम् ।

सर्वाश्चर्यमयं देवम्

अनन्तं विश्वतोमुखम् ॥ ११ ॥

दिविसूर्यसहस्रस्य

भवेद्युगपदुत्थिता ।

यदि भाः सदृशी सा स्याद्

भासस्तस्य महात्मनः ॥ १२ ॥

तत्रैकस्थं जगत्कृत्स्नं

प्रविभक्तमनेकधा ।

अपश्यद्देवदेवस्य

शरीरे पाण्डवस्तदा ॥ १३ ॥

ततः स विस्मयाविष्टो

हृष्टरोमा धनञ्जयः ।

प्रणम्य शिरसा देवं

कृताञ्जलिरभाषत ॥ १४ ॥

अर्जुन उवाच -

पश्यामि देवांस्तव देव देहे

सर्वांस्तथा भूतविशेषसङ्घान् ।

ब्रह्माणमीशं कमलासनस्थम्

ऋषींश्च सर्वानुरगांश्च दिव्यान् ॥ १५ ॥

अनेकबाहूदरवक्त्रनेत्रं

पश्यामि त्वां सर्वतोऽनन्तरूपम् ।

नान्तं न मध्यं न पुनस्तवादिं

पश्यामि विश्वेश्वर विश्वरूप ॥ १६ ॥

किरीटिनं गदिनं चक्रिणं च

तेजोराशिं सर्वतो दीप्तिमन्तम् ।

पश्यामि त्वां दुर्निरीक्ष्यं समन्ताद्-

दीप्तानलार्कद्युतिमप्रमेयम् ॥ १७ ॥

त्वमक्षरं परमं वेदितव्यं

त्वमस्य विश्वस्य परं निधानम् ।

त्वमव्ययः शाश्वतधर्मगोप्ता

सनातनस्त्वं पुरुषो मतो मे ॥ १८ ॥

अनादिमध्यान्तमनन्तवीर्यम्

अनन्तबाहुं शशिसूर्यनेत्रम् ।

पश्यामि त्वां दीप्तहुताशवक्त्रं

स्वतेजसा विश्वमिदं तपन्तम् ॥ १९ ॥

द्यावापृथिव्योरिदमन्तरं हि

व्याप्तं त्वयैकेन दिशश्च सर्वाः ।

दृष्ट्वाद्भुतं रूपमुग्रं तवेदं

लोकत्रयं प्रव्यथितं महात्मन् ॥ २० ॥

अमी हि त्वां सुरसङ्घा विशन्ति

केचिद्भीताः प्राञ्जलयो गृणन्ति ।

स्वस्तीत्युक्त्वा महर्षिसिद्धसङ्घाः

स्तुवन्ति त्वां स्तुतिभिः पुष्कलाभिः ॥ २१ ॥

रुद्रादित्या वसवो ये च साध्या

विश्वेऽश्विनौ मरुतश्चोष्मपाश्च ।

गन्धर्वयक्षासुरसिद्धसङ्घा

वीक्षन्ते त्वां विस्मिताश्चैव सर्वे ॥ २२ ॥

रूपं महत्ते बहुवक्त्रनेत्रं

महाबाहो बहुबाहूरुपादम् ।

बहूदरं बहुदंष्ट्राकरालं

दृष्ट्वा लोकाः प्रव्यथितास्तथाहम् ॥ २३ ॥

नभःस्पृशं दीप्तमनेकवर्णं

व्यात्ताननं दीप्तविशालनेत्रम् ।

दृष्ट्वा हि त्वां प्रव्यथितान्तरात्मा

धृतिं न विन्दामि शमं च विष्णो ॥ २४ ॥

दंष्ट्राकरालानि च ते मुखानि

दृष्ट्वैव कालानलसन्निभानि ।

दिशो न जाने न लभे च शर्म

प्रसीद देवेश जगन्निवास ॥ २५ ॥

अमी च त्वां धृतराष्ट्रस्य पुत्राः

सर्वे सहैवावनिपालसङ्घैः ।

भीष्मो द्रोणः सूतपुत्रस्तथासौ

सहास्मदीयैरपि योधमुख्यैः ॥ २६ ॥

वक्त्राणि ते त्वरमाणा विशन्ति

दंष्ट्राकरालानि भयानकानि ।

केचिद्विलग्ना दशनान्तरेषु

सन्दृश्यन्ते चूर्णितैरुत्तमाङ्गैः ॥ २७ ॥

यथा नदीनां बहवोऽम्बुवेगाः

समुद्रमेवाभिमुखा द्रवन्ति ।

तथा तवामी नरलोकवीरा

विशन्ति वक्त्राण्यभिविज्वलन्ति ॥ २८ ॥

यथा प्रदीप्तं ज्वलनं पतङ्गा

विशन्ति नाशाय समृद्धवेगाः ।

तथैव नाशाय विशन्ति लोकाः

तवापि वक्त्राणि समृद्धवेगाः ॥ २९ ॥

लेलिह्यसे ग्रसमानः समन्ताल्

लोकान्समग्रान्वदनैर्ज्वलद्भिः ।

तेजोभिरापूर्य जगत्समग्रं

भासस्तवोग्राः प्रतपन्ति विष्णो ॥ ३० ॥

आख्याहि मे को भवानुग्ररूपो

नमोऽस्तु ते देववर प्रसीद ।

विज्ञातुमिच्छामि भवन्तमाद्यं

न हि प्रजानामि तव प्रवृत्तिम् ॥ ३१ ॥

श्रीभगवानुवाच -

कालोऽस्मि लोकक्षयकृत्प्रवृद्धो

लोकान् समाहर्तुमिह प्रवृत्तः ।

ऋतेऽपि त्वां न भविष्यन्ति सर्वे

येऽवस्थिताः प्रत्यनीकेषु योधाः ॥ ३२ ॥

तस्मात्त्वमुत्तिष्ठ यशो लभस्व

जित्वा शत्रून् भुङ्क्ष्व राज्यं समृद्धम् ।

मयैवैते निहताः पूर्वमेव

निमित्तमात्रं भव सव्यसाचिन् ॥ ३३ ॥

द्रोणं च भीष्मं च जयद्रथं च

कर्णं तथान्यानपि योधवीरान् ।

मया हतांस्त्वं जहि मा व्यथिष्ठा

युध्यस्व जेतासि रणे सपत्नान् ॥ ३४ ॥

सञ्जय उवाच -

एतच्छ्रुत्वा वचनं केशवस्य

कृताञ्जलिर्वेपमानः किरीटी ।

नमस्कृत्वा भूय एवाह कृष्णं

सगद्गदं भीतभीतः प्रणम्य ॥ ३५ ॥

अर्जुन उवाच -

स्थाने हृषीकेश तव प्रकीर्त्या

जगत्प्रहृष्यत्यनुरज्यते च ।

रक्षांसि भीतानि दिशो द्रवन्ति

सर्वे नमस्यन्ति च सिद्धसङ्घाः ॥ ३६ ॥

कस्माच्च ते न नमेरन्महात्मन्

गरीयसे ब्रह्मणोऽप्यादिकर्त्रे ।

अनन्त देवेश जगन्निवास

त्वमक्षरं सदसत्तत्परं यत् ॥ ३७ ॥

त्वमादिदेवः पुरुषः पुराणः

त्वमस्य विश्वस्य परं निधानम् ।

वेत्तासि वेद्यं च परं च धाम

त्वया ततं विश्वमनन्तरूप ॥ ३८ ॥

वायुर्यमोऽग्निर्वरुणः शशाङ्कः

प्रजापतिस्त्वं प्रपितामहश्च ।

नमो नमस्तेऽस्तु सहस्रकृत्वः

पुनश्च भूयोऽपि नमो नमस्ते ॥ ३९ ॥

नमः पुरस्तादथ पृष्ठतस्ते

नमोऽस्तु ते सर्वत एव सर्व ।

अनन्तवीर्यामितविक्रमस्त्वं

सर्वं समाप्नोषि ततोऽसि सर्वः ॥ ४० ॥

सखेति मत्वा प्रसभं यदुक्तं

हे कृष्ण हे यादव हे सखेति ।

अजानता महिमानं तवेदं

मया प्रमादात्प्रणयेन वापि ॥ ४१ ॥

यच्चावहासार्थमसत्कृतोऽसि

विहारशय्यासनभोजनेषु ।

एकोऽथवाप्यच्युत तत्समक्षं

तत्क्षामये त्वामहमप्रमेयम् ॥ ४२ ॥

पितासि लोकस्य चराचरस्य

त्वमस्य पूज्यश्च गुरुर्गरीयान् ।

न त्वत्समोऽस्त्यभ्यधिकः कुतोऽन्यो

लोकत्रयेऽप्यप्रतिमप्रभाव ॥ ४३ ॥

तस्मात्प्रणम्य प्रणिधाय कायं

प्रसादये त्वामहमीशमीड्यम् ।

पितेव पुत्रस्य सखेव सख्युः

प्रियः प्रियायार्हसि देव सोढुम् ॥ ४४ ॥

अदृष्टपूर्वं हृषितोऽस्मि दृष्ट्वा

भयेन च प्रव्यथितं मनो मे ।

तदेव मे दर्शय देव रूपं

प्रसीद देवेश जगन्निवास ॥ ४५ ॥

किरीटिनं गदिनं चक्रहस्तम्

इच्छामि त्वां द्रष्टुमहं तथैव ।

तेनैव रूपेण चतुर्भुजेन

सहस्रबाहो भव विश्वमूर्ते ॥ ४६ ॥

श्रीभगवानुवाच –

मया प्रसन्नेन तवार्जुनेदं

रूपं परं दर्शितमात्मयोगात् ।

तेजोमयं विश्वमनन्तमाद्यं

यन्मे त्वदन्येन न दृष्टपूर्वम् ॥ ४७ ॥

न वेदयज्ञाध्ययनैर्न दानैः

न च क्रियाभिर्न तपोभिरुग्रैः ।

एवंरूपः शक्य अहं नृलोके

द्रष्टुं त्वदन्येन कुरुप्रवीर ॥ ४८ ॥

मा ते व्यथा मा च विमूढभावो

दृष्ट्वा रूपं घोरमीदृङ्ममेदम् ।

व्यपेतभीः प्रीतमनाः पुनस्त्वं

तदेव मे रूपमिदं प्रपश्य ॥ ४९ ॥

सञ्जय उवाच -

इत्यर्जुनं वासुदेवस्तथोक्त्वा

स्वकं रूपं दर्शयामास भूयः ।

आश्वासयामास च भीतमेनं

भूत्वा पुनः सौम्यवपुर्महात्मा ॥ ५० ॥

अर्जुन उवाच -

दृष्ट्वेदं मानुषं रूपं

तव सौम्यं जनार्दन ।

इदानीमस्मि संवृत्तः

सचेताः प्रकृतिं गतः ॥ ५१ ॥

श्रीभगवानुवाच -

सुदुर्दर्शमिदं रूपं

दृष्टवानसि यन्मम ।

देवा अप्यस्य रूपस्य

नित्यं दर्शनकाङ्क्षिणः ॥ ५२ ॥

नाहं वेदैर्न तपसा

न दानेन न चेज्यया ।

शक्य एवंविधो द्रष्टुं

दृष्टवानसि मां यथा ॥ ५३ ॥

भक्त्या त्वनन्यया शक्य

अहमेवंविधोऽर्जुन ।

ज्ञातुं द्रष्टुं च तत्त्वेन

प्रवेष्टुं च परन्तप ॥ ५४ ॥

मत्कर्मकृन्मत्परमो

मद्भक्तः सङ्गवर्जितः ।

निर्वैरः सर्वभूतेषु

यः स मामेति पाण्डव ॥ ५५ ॥

ॐ तत्सदिति श्रीमद्भगवद्गीतासूपनिषत्सु

ब्रह्मविद्यायां योगशास्त्रे

श्रीकृष्णार्जुनसंवादे विश्वरूपदर्शनयोगो

नाम एकादशोऽध्यायः ॥

ॐ हरये नमः । ॐ हरये नमः ।

ॐ हरये नमः ।

ॐ शान्तिः । ॐ शान्तिः । ॐ शान्तिः ।

हरिः ॐ ॥ श्रीकृष्णार्पणमस्तु ॥

ShreeMeera Foundation

Every Life Matters

The ShreeMeera Foundation (SMF) was established with a vision to bridge timeless spiritual wisdom with the realities of the modern world. Rooted in the principle of selfless service (sevā), SMF was incorporated in the State of Delaware, USA, on May 20, 2014, and operates as a registered 501(c)(3) nonprofit organization.

SMF is a dedicated team of volunteers passionately devoted to the preservation, evolution and application of knowledge pertaining to spirituality, self-realization, and the path of devotion. Transcending the boundaries of geography, language and faith, SMF's activities are focused on the application of those universal principles that form the basis of existence of life, that give meaning to that existence and that bring life into harmony with the universe within which it exists.

Preservation

SMF undertakes the careful digitization, archiving, and standardization of spiritual texts and teachings—protecting them from the erosion of time and technological obsolescence. This includes the migration of manuscripts and printed works into modern digital formats, as well as the conversion of analog recordings into accessible, high-quality digital media. Through this, SMF ensures that these treasures of knowledge remain available to seekers across generations.

Evolution

The pillar of Evolution focuses on translating and transliterating sacred content—particularly from Sanskrit and Marathi—into multiple languages and scripts, including English Roman. This effort allows students, devotees, and seekers from diverse linguistic backgrounds to approach spiritual knowledge without the barriers of unfamiliar scripts. By blending accuracy with accessibility, SMF helps ancient wisdom find new life in the modern age.

Application

Beyond preservation and evolution lies the most vital pillar: Application. SMF believes that spiritual knowledge must not only be read or remembered—it must be lived. To this end, SMF has developed technology-based platforms and multimedia experiences that encourage personal engagement with spiritual teachings. Among these initiatives are Project X, which focuses on digitization, transliteration, and the creation of documentaries and digital archives, and SMF Petals, a mobile and web-based application offering access to a vast library of scriptures, hymns, chants and compostions in both Devanāgarī and English Roman scripts. In addition, SMF Nexus is a project designed to re-present in various languages principles of Adwaita Vedāṅta, enshrined in scriptures such as the Vedās, the Shreemad Bhagawad Geetā and the ShreeJñāneshwarī, empowering seekers to live a life in which spirituality is built-in, not bolted on.

Inclusivity and Sustainability

SMF's work is distinguished by its commitment to inclusivity, universality, and sustainability. It embraces seekers of all paths, affirming that spiritual wisdom is the shared heritage of humanity. Its initiatives transcend sectarian and cultural lines, inviting everyone to experience spirituality as a unifying force rather than a dividing one. SMF also integrates sustainable practices—favoring digital platforms, cloud infrastructure, and minimal physical printing—to ensure responsible stewardship of both knowledge and the environment.

Proudly volunteer-driven, SMF upholds the highest standards of integrity and transparency. The organization operates independently of external affiliations or institutional control, guided instead by the collective intention of its contributors to serve humanity through the preservation and dissemination of divine knowledge.

Learning Together

This Tracing Book of the Shreemad Bhagawad Geetā extends SMF's mission into an intimate, personal practice. Each page encourages reflection, devotion, and consistency—values that mirror SMF's belief that spiritual progress is achieved not through grand acts but through steady, sincere effort.

In bringing this work to life, SMF continues its commitment to the living tradition of sādhanā—transforming learning into service, practice into realization, and every written word into a step toward the Divine.

❃❃❃

SMF Petals

Write with your Hand, Listen with your Heart

The SMF Petals App, created by the ShreeMeera Foundation (SMF), is a digital companion to your tracing journey—a bridge between daily practice and timeless wisdom. Designed to make sacred knowledge accessible anytime, anywhere, the app brings together a growing collection of spiritual texts, including the Shreemad Bhagawad Geetā, Shree Jñāneshwarī, and other revered scriptures.

Each text is available in both Devanāgarī and English Roman scripts, allowing seekers from all backgrounds to read, learn, and reflect with ease. The app now also includes an expanding library of audio recordings of these scriptures, narrated to help users follow pronunciation, rhythm, and meaning—turning reading into a truly immersive experience.

For users of this tracing book, SMF Petals offers continuity beyond the page. You can listen to the verses you trace, review meanings, and strengthen your understanding through repetition and reflection. This harmony of written and spoken word deepens concentration and reinforces the habit of small, consistent spiritual acts each day.

Together, the SMF Tracing Books and SMF Petals App embody the Foundation's mission: to preserve, evolve, and apply spiritual knowledge in daily life. As we write with our hand and listen with our heart, may each verse become a living reminder that consistency, mindfulness, and devotion are the true measures of progress on the path of spirituality.

Bookmark Page

Here's an easy tutorial to help you make a bookmark for this book.

- Start with a square piece of paper. Place it flat on your table.
- Fold the paper diagonally to make a triangle. Press the edges firmly.
- Rotate the triangle so the longest edge is at the bottom.
- Take the left and right corners and fold them upward so they meet at the top point. You will see a diamond shape.
- Open these two flaps again.
- Fold the top point down to meet the bottom edge. This creates a small pocket.
- Fold the left and right corners up again and gently tuck their points into the pocket.
- Turn the bookmark over. It is now ready to slide onto the corner of any page.

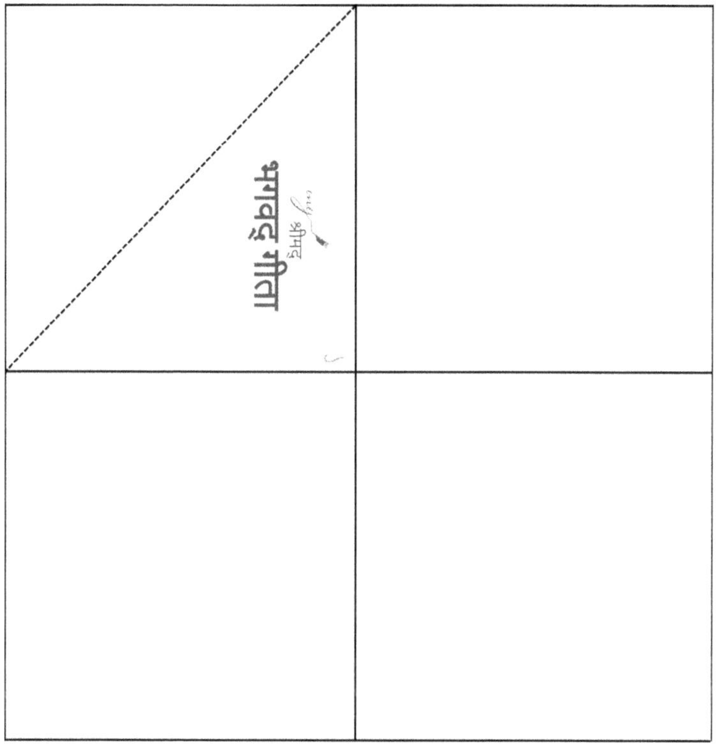
श्रीमद्
भगवद् गीता

www.ingramcontent.com/pod-product-compliance
Lightning Source LLC
LaVergne TN
LVHW050917210926
848482LV00012B/468

* 9 7 9 8 9 0 3 9 2 0 2 8 0 *